SEMAINES SOCIALES DE FRANCE, XVIIe SESSION — A LYON, DU 27 JUIL. AU 2 AOUT 1925

SUJET DE LA SEMAINE :

L'AUTORITÉ

Les Faits - La Doctrine - Les Applications de la Doctrine

PROGRAMME PROVISOIRE

SECRÉTARIAT PERMANENT
CHRONIQUE SOCIALE DE FRANCE : 16, RUE DU PLAT
LYON.

Paris, le 15 Juin 1925.

M

Nous avons l'honneur de vous inviter à prendre part à la XVIIe session des Semaines Sociales de France *qui se tiendra à Lyon, du 27 juillet au 2 août prochain, sous la haute présidence de Son Eminence le Cardinal Maurin, archevêque de Lyon.*

*Les travaux de cette session seront consacrés au problème de l'***Autorité,** *sujet doctrinal et pratique, dont l'importance saisit de nos jours tous les esprits.*

Suivant la méthode traditionnelle des Semaines Sociales, ce problème sera étudié sous ses trois aspects : 1° Dans la réalité et la multiplicité de ses formes; 2° Dans les doctrines et les systèmes de la pensée contemporaine ; 3° Dans les applications conformes aux principes chrétiens.

Deux leçons générales pratiques : **l'aspect social de l'habitation ; le problème des allocations familiales ;** *ainsi que des leçons documentaires relatives à des sujets d'éducation et de protection sociales compléteront ce programme.*

Nous serons heureux, M ...., si vous voulez bien vous associer à nos travaux, et nous vous prions de bien vouloir agréer l'expression de nos dévoués sentiments.

Eugène DUTHOIT,
Président de la Commission Générale.

A. BOISSARD, M. GONIN,
Secrétaires Généraux.

AVIS ET RENSEIGNEMENTS

SECRETARIAT. — Envoyer demandes de renseignements, adhésions, souscriptions et mandats, à M. Cl. Court, Secrétariat permanent *Chronique Sociale de France, 16, rue du Plat, Lyon.*

SALLES DE REUNIONS. — Tous les cours de la matinée et de l'après-midi, ainsi que les repas de la table d'hôte, auront lieu au Pensionnat des Lazaristes, 24, montée Saint-Barthélemy. Les deux grandes conférences des vendredi et samedi, à 20 h. 30, Salle Rameau, 29, rue de la Martinière.

ADHESIONS. — L'inscription comme auditeur, pour toute la durée des cours, comporte le versement d'une **cotisation de 15 francs.** Elle donne droit à une carte permanente.

VOYAGE. — Les grands réseaux de Chemins de fer accordent aux auditeurs la prolongation de la durée des billets aller et retour, du 24 juillet au 5 août inclus. Pour avoir droit à cette prolongation, les auditeurs devront être munis d'une lettre qui leur sera envoyée par le Secrétariat de la *Semaine Sociale*, et qu'ils auront soin de faire viser par leur gare de départ, par le Secrétariat de la *Semaine Sociale* à Lyon, et par la gare de Lyon au moment du retour.

Les Compagnies de Chemins de fer imposant la formalité d'un visa général, les demandes de prolongation ne seront pas admises après le 16 juillet.

LOGEMENTS. — Quatre catégories de logements sont offertes aux auditeurs :

1° *Hôtels :* Chambres depuis 8 francs la nuit. Retenir sa chambre en écrivant directement à l'hôtel au moins quinze jours à l'avance. Voir la liste page 17.

2° *Logements dans maisons religieuses :* Réservés aux ecclésiastiques et aux membres de l'enseignement libre :

Une chambre à un lit au prix de 4 francs par jour.

3° *Logements en dortoir :* Réservés aux jeunes gens au prix de 2 francs par nuit.

4° *Logements pensions de famille :* Réservés aux dames et jeunes filles dans Maisons et Institutions religieuses :

Une chambre à un lit au prix de 4 francs par jour.

L'inscription pour les logements de ces trois dernières catégories doit être prise pour la durée de la Semaine.

MESSE QUOTIDIENNE. — Une messe sera célébrée tous les jours, à 8 heures, dans la chapelle de l'Ecole. MM. les Ecclésiastiques trouveront au Secrétariat l'indication des églises où ils pourront dire leur messe. Ils sont priés de bien vouloir se munir de leur célébret et de leur linge d'autel.

TABLE D'HOTE. — Chaque jour, à midi, un repas servi dans une des salles du local de la Semaine, réunira les auditeurs, invités et professeurs. Le prix du déjeuner de midi est de

7 fr. 50 et celui du dîner de 19 heures : 6 fr. 50. On doit retirer tous les jours, avant 10 heures, la carte pour le repas du lendemain à midi, et avant midi celle du repas du soir à 19 heures. Les auditeurs désirant prendre part au repas du lundi à midi devront se faire inscrire en donnant leur adhésion. Le buffet de la Semaine servira, de 7 h. 1/2 à 9 heures, des petits déjeuners.

VISITES ARCHEOLOGIQUES ET SOCIALES. — Tous les jours, à 14 1/2, des Visites aux principaux monuments historiques, aux œuvres sociales et aux industries de Lyon, seront organisées par les soins de la Commission locale.

CARTES DE JOURNEES ET DEMI-JOURNEES. — Des cartes valables pour tous les Cours et Conférences de la journée seront délivrées à l'entrée, au prix de 3 francs ; pour une demi-journée, 2 francs.

LUNDI 27 JUILLET

8 h. — Chapelle des Lazaristes, 24, montée Saint-Barthélemy, **Messe du Saint-Esprit.** Allocution de S. E. le Cardinal MAURIN, Archevêque de Lyon.

9 h. 30. — **Leçon d'ouverture : La crise d'autorité. Les symptômes, les causes ; les remèdes.**

M. Eugène DUTHOIT,
Président de la Commission Générale des Semaines Sociales.

10 h. 45. — **2e Leçon : Qu'est-ce que l'autorité ? Son fondement naturel.**

M. l'Abbé DELOS,
Professeur de Droit Naturel à l'Université Catholique de Lille.

12 h. — **Déjeuner en commun.**

14 h. — Visites.

14 h. 30. — Exposé documentaire. — Série A, 1re Leçon : **Autorité et liberté dans l'éducation familiale.**

M. Louis ARNOULD.
Professeur à la Faculté des Lettres de l'Université de Poitiers.

15 h. 45. — Exposé documentaire. — Série B, 1re Leçon : **Les dangers de la rue : étalages, affichage, police des rues.**

M. Maurice GAND,
Professeur à la Faculté de Droit de l'Université Catholique de Lille.

17 h. — **3e Leçon : La notion d'autorité dans le naturalisme moderne.**

M. Joseph VIALATOUX,
Rédacteur à la Chronique Sociale de France.

20 h. 30. — A la Cathédrale, place Saint-Jean :
Grande Cérémonie d'ouverture.
Discours de Sa Grandeur Monseigneur BESSON, Evêque de Lausanne, Genève et Fribourg : **L'autorité dans l'Eglise.**

MARDI 28 JUILLET

8 h. — **Messe dans la Chapelle des Lazaristes.**

9 h. — **4e Leçon : Les autorités. Leurs rapports.**

Mgr Simon Deploige,
Sénateur de Belgique,
Directeur de l'Institut Supérieur de Philosophie de Louvain.

10 h. 30. — **5e Leçon : Manifestations nouvelles d'autorité dans la vie sociale par le développement de l'institution.**

M. Paul Cuche,
Professeur à la Faculté de Droit de l'Université de Grenoble.

12 h. — **Déjeuner en commun.**

14 h. — Visites archéologiques et sociales.

14 h. 30. — Exposé documentaire. — Série A, 2e Leçon : **Autorité et liberté dans l'éducation scolaire.**

M. le Chanoine Dutoit,
Secrétaire général de l'Université Catholique de Lille.

15 h. 45. — Exposé documentaire. — Série B, 2e Leçon : **Licence et police des spectacles :** théâtres, cinémas, cafés-concerts, dancings, etc...

M. Georges Piot,
Avocat à la Cour d'appel, Paris.

17 h. — **6e Leçon : Les formes de l'autorité politique.**

M. l'Abbé Gillet,
Professeur à l'Institut Catholique de Paris.

19 h. — **Banquet en l'honneur des auditeurs de la Semaine Sociale venus de l'étranger.**

MERCREDI 29 JUILLET

8 h. — **Messe dans la Chapelle des Lazaristes.**

9 h. — **7e Leçon : L'autorité dans la famille.**

M. André Rouast,
Professeur à la Faculté de Droit de l'Université de Grenoble.

10 h. 30. — **8e Leçon : Les libertés nécessaires de l'Eglise dans ses rapports avec l'Etat.**

M. l'Abbé Desbuquois,
Directeur de l'Action Populaire.

12 h. — **Déjeuner en commun.**

14 h. — Visites archéologiques et sociales.

14 h. 30. — Exposé documentaire. — Série A, 3e Leçon : **Education et vie civique. Comment former les élites politiques.**

M. A. Champetier de Ribes,
Député des Basses-Pyrénées.

15 h. 45. — Exposé documentaire. — Série B, 3e Leçon : **Publications contraires aux bonnes mœurs.**

M. Victor Diligent,
Avocat au barreau de Lille, Docteur en Droit.

17 h. — **9e Leçon : L'autorité dans l'Ecole. A qui appartient-elle ?**

Mgr Lavallée
Recteur des Facultés Catholiques de Lyon.

Soir. — Repos.

JEUDI 30 JUILLET

8 h. — **Messe** dans la Chapelle des Lazaristes.

9 h. — **10e Leçon : L'autorité dans l'Etat. Le Pouvoir central et ses organes.**

M. Maurice Deslandres.

10 h. 30. — **11e Leçon : L'Etat et ses agents. Le statut des fonctionnaires.**

M. Adéodat Boissard,
Ancien député de la Côte-d'Or.

12 h. — **Déjeuner en commun.**

14 h. — Visites archéologiques et sociales.

14 h. 30. — Exposé documentaire. — Série A, 4e Leçon : **Education et Vie économique. Comment former les chefs que celle-ci réclame ?**

M. Georges Perrin-Pelletier,
Ingénieur au Corps des Mines.

15 h. 45. — Exposé documentaire. — Série B, 4e Leçon : **La profession médicale. Son rôle dans la lutte contre l'immoralité.**

M. le Docteur René Biot.

17 h. — **12e Leçon : L'autorité dans la région et dans la commune.**

M. Henri Vizioz,
Professeur à la Faculté de Droit de l'Université de Bordeaux.

20 h. 30. — **Veillée religieuse** (Eglise Saint-Nizier). Instruction de M. l'Abbé Thellier de Poncheville: **Les enseignements de l'Eucharistie et la crise de l'Autorité.**

VENDREDI 31 JUILLET

8 h. — Basilique de Notre-Dame de Fourvière : **Messe du Souvenir** pour le repos des âmes de M. Henri Lorin, ancien Président, ainsi que des professeurs et auditeurs des Semaines Sociales.

9 h. — **13e Leçon : L'autorité dans la profession.**

M. Emmanuel Gounot,
Professeur de Droit Commercial aux Facultés Catholiques de Lyon.

10 h. 30. — **14e Leçon : L'autorité dans l'entreprise.**

M. l'Abbé Danset.
de l'Action Populaire.

12 h. — **Déjeuner en commun.**

14 h. — **Visite.**

14 h. 30. — Exposé documentaire : **Les écoles catholiques de Service social.**

M. Isidore Maus,
Directeur général de l'Office de la Protection de l'Enfance, au Ministère de la Justice belge.

15 h. 45. — **Leçon générale hors cadre : Le problème des allocations familiales.**

M. Etienne Martin-Saint-Léon.

17 h. — **15e Leçon : Etat et Associations.**

M. Jean Lerolle,
Directeur du Secrétariat social de Paris, Ancien Député de Paris.

20 h. 30. — Salle Rameau, rue de la Martinière, **Grande Assemblée :**

1° Discours de M. Charles Flory, Président de l'Association catholique de la Jeunesse Française : **Catholicisme et vie civique.**

2° Discours du R. P. Rutten, Sénateur de Belgique, Directeur du Secrétariat général des Œuvres sociales de Belgique : **Catholicisme et vie professionnelle.**

SAMEDI 1er AOUT

8 h. — **Messe** dans la chapelle des Lazaristes.

9 h. — **16e Leçon : L'autorité dans les colonies et pays de protectorat.**

M. PASQUIER-BRONDE,
Avocat, Adjoint au Maire d'Alger.

10 h. 30. — **17e Leçon : Comment garantir les droits de la personne humaine contre les abus d'autorité.**

M. Augustin CRÉTINON,
Ancien bâtonnier de l'Ordre des Avocats près la Cour d'Appel de Lyon.

12 h. — **Déjeuner en commun.**

14 h. — **Visite.**

14 h. 30. — Exposé documentaire : **L'Ecole unique.**

X...

15 h. 45. — **Leçon générale hors cadre : L'aspect social du problème de l'habitation.**

M. Joseph BRUNHES,
Avocat près la Cour d'Appel de Dijon.

17 h. — **18e Leçon : L'autorité dans la vie internationale.**

M. Georges GOYAU,
de l'Académie Française.

20 h. 30. — Salle Rameau, rue de la Martinière, Conférence populaire :

1° Vue d'ensemble sur la Semaine Sociale.

M. Philippe DE LAS CASES,
Conseiller Général de la Lozère,
Avocat près la Cour d'Appel de Paris.

2° Le catholicisme social devant l'opinion.

M. le Chanoine DESGRANGES.

PÈLERINAGES ET EXCURSIONS

pour le Dimanche 2 Août

A l'issue de la Semaine Sociale, des PÈLERINAGES seront organisés pour ARS, sur la tombe de saint Jean-Baptiste Vianney, et pour VIENNE, ancienne métropole religieuse des Gaules.

Des notices détaillées seront remises aux adhérents de la Semaine Sociale qui en feront la demande. Les inscriptions seront prises jusqu'au jeudi 30 juillet, au bureau des Pèlerinages installé au Pensionnat des Lazaristes.

Des excursions dans les MONTS DU LYONNAIS sont également prévues pour les auditeurs qui voudraient visiter les environs si pittoresques.

EXPOSITION INTERNATIONALE

de la Houille blanche et du Tourisme à Grenoble

MM. les Auditeurs des Semaines Sociales trouveront à Lyon tous les renseignements nécessaires pour visiter à Grenoble (115 kilomètres de Lyon) l'*Exposition Internationale de la Houille Blanche et du Tourisme*.

Organisée par la Ville de GRENOBLE, le Conseil Général de l'Isère et la Chambre de Commerce de Grenoble, avec le concours effectif du Gouvernement, l'*Exposition Internationale de la Houille Blanche et du Tourisme* a pour but de mettre en lumière les immenses progrès accomplis au cours de ces dernières années, tant en France qu'à l'étranger, dans le domaine de la Houille Blanche, envisagé non seulement au point de vue de la production et de la distribution de l'énergie électrique, mais encore au point de vue de toutes les applications de l'électricité, puis dans le domaine du Tourisme proprement dit, de l'hôtellerie et de toutes les industries touristiques.

COMITÉ RÉGIONAL DE PATRONAGE

S. E. le Cardinal MAURIN, Archevêque de Lyon.

S. G. Bgr BOURCHANY, Evêque d'Hadrumète, Auxiliaire de Son Eminence.

S. G. Mgr FAUGIER, Evêque d'Abydos, Archidiacre de Saint-Etienne.

Mgr VINDRY, Vicaire général, protonotaire apostolique ; Mgr Rambert FAURE, Vicaire général, protonotaire apostolique ; M. le Chanoine DELAY, Archidiacre de Notre-Dame ; M. le Chanoine POURRAT, Supérieur du Grand Séminaire de Francheville ; Mgr LAVALLEE, Recteur des Facultés Catholiques ; Mgr BECHETOILLE, Chancelier de l'Archevêché ; M. le Chanoine GAILLAND, Curé-Archiprêtre de Saint-Jean ; M. le Chanoine ROUCHOUZE, Directeur diocésain des Œuvres ; M. le Chanoine VIANEY, Directeur de l'Enseignement libre ; M. le Chanoine HEURTIER, Directeur des Œuvres pour Saint-Etienne ; M. le Chanoine BERARDIER, Sous-Directeur des Œuvres ; M. le Chanoine TIXERONT, Doyen de la Faculté de Théologie ; M. l'Abbé Albert VALENSIN, Professeur à la Faculté de Théologie ; M. l'Abbé MASSON, Professeur à la Faculté de Théologie ; M. l'Abbé CRISTIANI, Professeur à la Faculté des Lettres ; M. l'Abbé ODIN, Supérieur de l'Institution des Chartreux ; M. l'Abbé RICHARD, Professeur au Grand Séminaire ; M. le Chanoine MULSANT, Directeur de l'Institution Sainte-Marie, à Saint-Chamond ; M. l'Abbé BIETRIX, Supérieur de l'Institution des Minimes ; M. l'Abbé BISCH, Supérieur de l'Ecole Ozanam ; M. l'Abbé BORNET, Supérieur du Petit Séminaire Saint-Jean ; M. l'Abbé FIRMIN, Aumônier des Lazaristes ; M. le Chanoine THIBAUDIER ; M. l'Abbé PITRE, Directeur de la Réunion N.-D. ; M. l'Abbé JOURNOUD ; M. l'Abbé THEVENON, Supérieur de l'Externat Sainte-Marie ; M. l'Abbé SIRECH, Aumônier des Lycées de Lyon ; M. l'Abbé ROULLET, Directeur de la Maison des Etudiants ; M. l'Abbé LAMACHE, Directeur de l'Ecole d'apprentissage supérieur ; M. l'Abbé BAILLY ; M. le Chanoine COTTARD-JOSSERAND, Directeur des Œuvres du diocèse de Belley ; M. l'Abbé DUCLAUX-MONTEIL ; M. le Chanoine MURY, Directeur des Œuvres du diocèce d'Autun ; M. l'Abbé PERRENET, Directeur des Œuvres du diocèse de Dijon ; M. l'Abbé POUILLARD, Directeur des Œuvres du diocèse de Saint-Claude ; M. le Chanoine PICQ, Directeur des Œuvres du diocèse de Nevers ; M. l'Abbé COURBIS, Directeur des Œuvres du diocèse de Valence ; M. l'Abbé DE CASTELJAU, Directeur des Œuvres à Annonay.

MM. Henri ANDRIOT, Avocat ; ANIER, Conseiller général, Saint-Symphorien-sur-Coise ; le Docteur ARCELIN.

MM. Mathieu BALAS, industriel à Saint-Chamond (Loire) ; Martin BASSE ; Joseph BELMONT ; Pierre BERNARD, Directeur du *Mémorial de la Loire et de la Haute-Loire*, Saint-Etienne (Loire) ; Paul BIDAULT, Directeur de l'*Etoile* ; BIENNIER, ancien Conseiller municipal ; Auguste BILLIEMAZ, pharmacien à Bellegarde (Ain) ; le Docteur René BIOT ; Mme G. BONNAMOUR, Présidente de l'Association féminine pour l'Action Sociale ; M. Abel BONNIER, industriel, Vienne (Isère) ; Mlle Germaine BONNIER, Vienne (Isère).

MM. J. BORNET, membre du Conseil Supérieur de l'Assistance publique Charles BOUCAUD, Professeur à la Faculté Catholique de Droit ; Mme BOUCHARLAT, Présidente de l'Association des Veuves de guerre ; M. Emmanuel BRUN, Avocat.

MM. Victor CARLHIAN, industriel ; CANAT DE CHIZY, Prédent de l'Union Sociale des Ingénieurs Catholiques; Jean CHAINE, Notaire, Président des Anciens Elèves de Saint-Joseph; Georges CHAPAS, chargé de cours à la Faculté Catholique des Sciences ; Alexandre CHARBIN, Avocat; Félix CHARMETANT; Jean CHARVET, Président de la Ligue des Familles nombreuses ; CHATAGNIER, ingénieur ; CINQUIN, notaire à Vaugneray (Rhône) ; Pierre CLEMENT ; Lucien COZON, marchand de soie, Président de l'Union Fraternelle du Commerce et de l'Industrie ; Augustin CRETINON, ancien Bâtonnier de l'Ordre des Avocats ; Mme A. CRETINON ; M. Paul CUCHE, Professeur à la Faculté de Droit de l'Université de Grenoble, Président de l'Union d'Etudes des Catholiques Sociaux de Grenoble.

MM. Marius DELOMIER, Saint-Etienne (Loire) ; DESCOS DU COLOMBIER, Directeur du Secrétariat Social de l'Isère ; Mlle DESTRUEL, de l'Association féminine pour l'Action Sociale ; M. Pierre DUPONT, Villefranche (Rhône).

MM. FABISCH, Notaire à Theizé (Rhône) ; Henri FRANCHET ; Camille FRANCILLON, Président de la Jeunesse Catholique de l'Ain.

Mlle GALLE, du Secrétariat Social ; MM. GARCIN, Président de l'Union du Sud-Est des Syndicats Agricoles ; P. GARRAUD, Professeur à l'Université de Lyon ; Louis GAUCHERAND, Président de l'Association des Patrons Catholiques ; René GONNARD, Professeur à l'Université de Lyon ; Emmanuel GONSSOLLIN ; Emmanuel GOUNOT, Avocat, Professeur aux Facultés Catholiques de Lyon ; Auguste GRUFFAZ, Président de l'Union Régionale des Syndicats Chrétiens ; Maurice GUERIN, Secrétaire général de l'Union Régionale des Syndicats Chrétiens ; Auguste GUITTON, de Saint-Etienne (Loire).

M. HEINRICH, Président des Conférences de Saint-Vincent-de-Paul.

M. Auguste ISAAC, ancien ministre ; M. Humbert ISAAC.

MM. Henri JACOLIN, Caluire (Rhône) ; Robert JACQUEMONT ; Claude JACQUET, industriel, Vienne (Isère) ; Charles JACQUIER, Doyen de la Faculté Catholique de Droit ; Henri JARROSSON, industriel ; Mlle JULLIEN, Présidente des Cercles d'Etudes féminins.

M. l'Abbé LACHASSAGNE, Maître de Chapelle à la Cathédrale; MM. LACHIEZE-REY, Professeur à l'Université de Lyon ; Francisque LAFAY, Belleville-sur-Saône (Rhône) ; LANGRAND, ingénieur ; Pierre LASSALE ; Camille LATREILLE, Professeur à la Faculté des Lettres de l'Université de Lyon ; Joseph LUCIEN-BRUN, Président des Cercles Catholiques d'ouvriers.

Mlle MATHIAS, Secrétaire générale des Syndicats professionnels Féminins ; MM. Louis MERCIER, Directeur du *Journal de Roanne* (Loire) ; Paul MESSIE, notaire à Montélimar (Drôme) ; MEZIN, Directeur de l'Ecole de la Salle ; MICHALET, Saint-Claude (Jura) ; Paul DE MONICAULT, député de l'Ain ; Paul MONTROCHET, avocat ; Camille MORAND DE JOUFFRAY, propriétaire à Chasselay (Rhône) ; Jules MORET ; Henri MORO, Secrétaire général de l'Association Lyonnaise des Relations extérieures.

MM. NICOLAS, Président de l'Association des Anciens Elèves des Lazaristes ; Philippe NIOGRET, ancien président du Tribunal de Commerce.

M. OLLION, Professeur à la Faculté Catholique des Lettres.

MM. DE PARSEVAL, Laborie, par l'Horme (Loire) ; Edouard

PAYEN, marchand de soie ; PEISSEL, Conseiller général, Caluire (Rhône) ; François PERRIER, négociant ; Gabriel PERRIN, Avocat ; PERRIN-PELLETIER, Saint-Etienne (Loire) ; PERROUD, Professeur à la Faculté de Droit de l'Université de Lyon ; le Docteur PETIT, Sainte-Foy-lès-Lyon (Rhône) ; Antoine PETIT, Avocat, Président de l'Association Catholique de la Jeunesse française ; PIERRON, Professeur à l'Ecole de Chimie ; Noël PINAT, Président de l'Union Catholique de la France agricole du Dauphiné ; Mlle C. PONCET, Grenoble (Isère) ; POYARD, Président des Amicales d'instituteurs libres ; Auguste PRENAT, Saint-Etienne (Loire).

MM. H. de QUEREZIEUX, Directeur de *La France Rurale* ; REGAUD, ancien député du Rhône ; le Docteur RICHARD, Francheville-le-Haut (Rhône) ; Georges RIEUSSEC, Conseiller municipal à Tassin-la-Demi-Lune (Rhône) ; Louis RIEUSSEC, Avoué au Tribunal ; Xavier RIMAUD ; Auguste RIVET, Professeur à la Faculté Catholique de Droit ; Joseph ROBERT, avoué à la Cour ; Francisque ROCHE, industriel ; Adrien RODET, avoué à la Cour ; Emile RODET, Président de la Fédération des Groupes d'Etudes du Sud-Est ; Emile ROMANET, Président de la Section grenobloise de l'Union fraternelle ; L. ROUSSELON ; RUBELLIN, Bâtonnier de l'Ordre des Avocats à la Cour de Lyon.

MM. Francis SABRAN ; Pierre SAINT-OLIVE, Grenoble (Isère) ; Antoine SALLES ; SEGOND, Professeur à l'Université de Lyon ; Joseph SERRE ; Léon SERVIERE, Président de l'Association des Anciens élèves des Frères ; Mlle SCHMITTER ; M. le Comte MAGNUS de SPARRE, Doyen de la Faculté des Sciences ; Joseph SILVESTRE, industriel, Vienne (Isère).

MM. Jean TERREL, rédacteur en chef de *La France Rurale* ; Jacques TOURRET, Avocat ; l'Abbé TRAMBOUZE ; Damien TRONEL.

MM. Joseph VIALATOUX ; Antoine VILLARD, la Demi-Lune (Rhône) ; M. C. VILLEFRANCHE, Directeur du *Journal de l'Ain*, à Bourg ; Mme la Comtesse des VERNAY, Présidente de la Ligue des Femmes Françaises ; Philippe VERZIER, avoué ; VIGNAL ; Em. VORON, Vice-Président de l'Union du Sud-Est des Syndicats agricoles.

COMMISSION LOCALE

M. le Chanoine ROUCHOUZE, Directeur des Œuvres ; M. le Chanoine BERARDIER, Sous-Directeur des Œuvres ; M. l'Abbé BAILLY ; M. Martin BASSE ; M. Paul BIDAULT, Directeur de l'*Etoile ;* M. le Docteur René BIOT ; Mme G. BONNAMOUR ; M. Charles BOUCAUD ; M. Emmanuel BRUN ; M. Alexandre CHARBIN ; M. Félix CHARMETANT ; M. Pierre CLEMENT ; M. Clément COURT ; M. Lucien COZON ; M. Augustin CRETINON ; Mme Augustin CRETINON ; M. Denis CUSSET ; Mlle M.-L. DESTRUEL ; M. Victor DUQUAIRE ; M. Henri FRANCHET ; M. Roger FULCHIRON ; Mlle Cécile GALLE ; M. M. GONIN ; M. Emmanuel GONSSOLLIN ; M. Emmanuel GOUNOT ; M. Auguste GRUFFAZ ; M. Maurice GUERIN ; M. Henri JACOLIN ; Mlle MATHIAS ; M. Maurice LACROIX ; M. l'Abbé LAMACHE ; M. Pierre LASSALE ; M. Camille LATREILLE ; M. MATRAY ; M. Henri MORO ; M. François PERRIER ; M. Antoine PETIT ; M. l'Abbé PITRE ; M. Henri DE QUEREZIEUX ; M. Xavier RIMAUD ; M. Francisque ROCHE ; M. Adrien RODET ; M. Marcel RODET ; M. Emile RODET ; M. l'Abbé ROULLET ; Mlle SCHMITTER ; M. Jean TERREL ; M. Jacques TOURRET ; M. l'Abbé TRAMBOUZE ; M. Philippe VERZIER ; M. Joseph VIALATOUX.

PRINCIPAUX HOTELS DE LYON

PREMIÈRE CATÉGORIE

Hôtel d'Angleterre, 22, place Carnot. Tél. Barre 0-69.
Chambre à une personne, 18 à 20 francs ; à deux personnes, à partir de 35 francs.

Carlton Hôtel, 4, rue Jussieu. Tél. Barre 20-06, 0-73, 52-15.
Chambre à une personne, 30 à 40 francs ; à deux personnes, 45 à 120 francs.
Petit déjeuner : 5 francs.

City Hôtel, 21, cours de Verdun. Tél. Barre 25-76.
Chambre à une personne, à partir de 16 francs ; à deux personnes, à partir de 25 francs.
Petit déjeuner : 3 francs.

Hôtel Continental, 17, place Carnot. Tél. Barre 52-92.
Chambre à une personne, à partir de 14 francs ; à deux personnes, de 18 à 20 francs.

Grand Hôtel des Beaux-Arts, 75, rue de l'Hôtel-de-Ville. Tél. Barre 4-75.
Chambre à une personne, 14 à 25 francs ; à deux personnes, 22 à 50 francs.
Petit déjeuner : 3 francs.

Grand Nouvel Hôtel, 11, rue Grôlée. Tél. Barre 22-86 et 2-95.
Chambre à une personne, depuis 16 francs.

Grand Hôtel de Russie, 4, 6, 8, rue Gasparin. Tél. Barre 20-19.
Chambre à une personne, à partir de 14 francs.
Petit déjeuner : 3 francs.

Le Grand Hôtel, 16, rue de la République. Tél. Barre 16-33 et 63-72.
Chambre à une personne, à partir de 20 francs.

Lugdunum Hôtel, 3, 5, 7, place Jules-Ferry. Tél. Vaudrey 38-61 à 38-66.
Chambre à une personne, 15 à 25 francs ; à deux personnes, 20 à 35 francs.

Hôtel de Milan, 1, rue des Quatre-Chapeaux. Tél. Barre 21-00.
Chambre à une personne, depuis 16 francs.

Royal-Hôtel, place Bellecour. Tél. Barre 0-15 et 0-89.
Chambre à une personne, 17 à 27 francs ; à deux personnes, 24 à 65 francs.
Petit déjeuner : 4 francs.

Savoy Hôtel Bristol, 28, cours de Verdun. Tél. Barre 60-03.
Chambre à une personne, 16 à 20 francs ; à deux personnes, 22 à 45 francs.
Petit déjeuner : 3 fr. 50.

DEUXIÈME CATÉGORIE

Grand Hôtel des Archers, 15, rue des Archers. Tél. Barre 16-93
Chambre à une personne, à partir de 13 francs ; à deux personnes, 20 à 28 francs.

Grand Hôtel des Etrangers, 5, rue Stella. Tél. Barre 1-56.
Chambre à une personne, 13 à 30 francs.
Petit déjeuner : 1 fr. 50 à 3 francs.

Hôtel de France et des Quatre Nations, 9, rue Sainte-
Chambre à un lit, de 12 à 20 francs.
Catherine. Tél.: Barre 46-14.

Hôtel-Restaurant de la Gare, 16, pl. Carnot. Tél. Barre 63-95.
Chambre à une personne, 12 à 14 francs ; à deux personnes, 18 et 20 francs.

Grand Hôtel du Globe, 21, rue Gasparin. Tél. 1-52.
Chambre à une personne, 11 à 25 francs ; à deux personnes, 20 à 40 francs.
Petit déjeuner : 3 francs.

Grand Hôtel Piolat, 114, boulevard des Belges. Tél. 48-89.
Chambre à une personne, 10 à 14 francs ; à deux personnes, 12 à 25 francs.

Hôtel Claridge, 29, rue du Plat. Tél. Barre 16-79.
Chambre à une personne, à partir de 12 francs ; à deux personnes, 15 à 35 francs.

Hôtel de l'Europe, 1, rue Bellecour. Tél. 19-02.
Chambre à une personne, 10 à 30 francs ; à deux personnes, 13 à 30 francs.
Petit déjeuner : 3 francs.

Hôtel de la Loire, 17, cours de Verdun. Tél. Barre 44-29.
Chambre à une personne, 10 à 12 francs ; à deux personnes, 12 à 25 francs.
Petit déjeuner : 1 fr. 50.

Hôtel de Nice, 23, cours de Verdun. Tél. Barre 35-74.
Chambre à une personne, 12 à 16 francs ; à deux personnes, 14 à 25 francs.
Petit déjeuner : 1 fr. 50.

Hôtel Terminus Brotteaux, 97, boulevard des Belges. Tél. Vaudrey 44-13.
Chambre à une personne, 12 francs ; à deux personnes, 20 francs.

Hôtel de l'Univers, 27, cours de Verdun. Tél. Barre 0-30.
Chambre à une ou deux personnes : 10 francs par personne.
Petit déjeuner : 2 fr. 50.

Hôtel Vray, 3, rue du Bélier. Tél. Barre 52-87.
Chambre à une personne, 12 à 18 francs ; à deux personnes, 20 à 25 francs.

Maison de Famille, Mme Cinquin, 28, rue Vaubecour.
Chambre à une personne, 12 à 14 francs ; à deux personnes, 18 francs, petit déjeuner compris.

Maison de Famille Verrier, 16, rue Victor-Hugo. Tél. inter. 17.
Chambre à une personne, 12 à 30 francs.
Petit déjeuner : 2 francs.

Régence-Hôtel, 80, rue de la Charité.
Chambre à une personne, de 10 à 15 francs.
Petit déjeuner : 2 francs.

Régina-Hôtel, 21, rue du Bât-d'Argent. Tél. Barre 59-76.
Chambre à une personne, 11 à 15 francs ; à deux personnes, 15 à 27 francs.

Hôtel Pension « Au Faisan Doré », 22-23, place Bellecour.
Chambre à une personne, 12 à 20 francs.
Petit déjeuner : 2 francs.

Touring-Hôtel, 37, cours de Verdun. Tél. Barre 63-78.
Chambre à une personne, 12 à 14 francs ; à deux personnes, 16 à 30 francs.
Petit déjeuner : 3 francs.

TROISIÈME CATÉGORIE

Au Bon Coin, 21, rue Auguste-Comte.
Chambre à une personne, 8 à 12 francs
Petit déjeuner, à partir de 1 franc.

Hôtel-Restaurant de la Marine, 13, cours de Verdun.
Chambre à une personne, à partir de 10 francs ; à deux personnes, 12 à 25 francs.
Petit déjeuner : 1 fr. 50.

Grand Hôtel meublé des Terreaux, 16, rue Lanterne. Tél. 31-02 Barre.
Chambre à une personne, 10 à 14 francs.

Grand Hôtel Victoria, 3, rue Delandine. Tél. 54-88 Barre.
Chambre à une personne, 8 à 12 francs ; à deux personnes, 12 à 20 francs.

Hôtel du Beaujolais, 36, rue de la Claire (près la gare de Vaise).
Chambre à deux personnes, à partir de 15 francs.

Hôtel du Bugey, 16, boulevard des Brotteaux.
Chambre à une personne, 10 à 12 francs.

Hôtel d'Helvétie, 4, boulevard des Brotteaux.
Chambre à une personne, 10 à 12 francs.

Hôtel Jeanne-d'Arc et de la Bombarde, 4 et 6, rue de la Bombarde.
Chambre à une personne, 9 francs ; à deux personnes, 17 fr.

Hôtel National, 15, cours de Verdun. Tél. Barre 51-55.
Chambre à une personne, 10 francs ; à deux personnes, 14 à 25 francs.
Petit déjeuner : 2 francs et 2 fr. 50.

Hôtel du Palais et de la Primatiale, 66 *bis* rue Saint-Jean. Tél. Barre 21-01.
Chambre à une personne 10 et 12 francs ; à deux personnes, 16 francs.
Petit déjeuner : 1 fr. 50.

Hôtel du Petit Versailles, 6 et 8, rue Tramassac.
Chambre à une personne, 6 fr. ; à deux personnes, 10 francs.
Petit déjeuner : 1 fr. 25.

Hôtel de Provence, 64, rue Victor-Hugo.
Chambre à une personne, 6 à 12 francs ; à deux personnes, 10 à 25 francs.
Petit déjeuner : 1 fr. 50 à 2 fr. 50.

Hôtel-Restaurant du Charollais, 11, rue Général-Plessier.
Chambre à une personne, 8 à 12 francs.
Petit déjeuner : 1 fr. 25.

Hôtel des Remparts-d'Ainay, 35, rue des Remparts-d'Ainay.
Chambre à une personne, 8 à 10 francs.
Petit déjeuner : 1 fr. 25.

Hôtel de la Tour du Pin, 12, cours Charlemagne.
Chambre à une personne, 8 à 12 francs ; à deux personnes, 16 à 18 francs.

Hôtel de Verdun, 82, rue de la Charité. Tél. Barre 62-71.
Chambre à une ou deux personnes, 8 à 25 francs.

Terminus de la Gare de Vaise, 38, rue de la Claire.
Chambre à une personne, 10 francs.

Nouvel Hôtel de Saint-Jean, 19, rue de la Bombarde.
Chambre à une personne, 8 et 10 francs ; à deux personnes, 18 francs.
Petit déjeuner : 1 fr. 25.

Hôtel François Tournier, 4, rue Général-Plessier.
Chambre à une personne, à partir de 7 francs ; à deux personnes, 10 à 24 francs.
Petit déjeuner, à partir de 1 franc.

La Collection des Comptes rendus des Semaines sociales de France

Les cours et conférences des sessions de la *Semaine Sociale* sont intégralement reproduits dans les volumes publiés chaque année.

Cette collection unique contient plus de deux cents études, dans lesquelles les auteurs exposent, sous la forme précise et vivante que permet le cours, les divers aspects et les modes de solution des problèmes sociaux actuels.

Aucune école n'a fourni jusqu'à ce jour une contribution de cette importance, accessible à la fois aux hommes de science et au public non initié.

Le mouvement social catholique contemporain s'y déroule sous toutes ses faces : doctrinales et pratiques. A qui veut le connaître et en parler objectivement, il est impossible de faire abstraction de l'effort poursuivi, depuis quinze ans, par les Semaines Sociales de France.

Comptes rendus des Semaines sociales de France

Orléans 1905 (épuisé)			
Dijon (1906)	6 »	franco	7 »
Amiens (1907)	6 »	—	7 »
Marseille (1908)	6 »	—	7 »
Bordeaux (1909) (épuisé) : La Législation du travail			
Rouen (1910) : L'application des lois sociales	8.50	—	10 »
Saint-Etienne (1911) : Le Travail	8.50	—	10 »
Limoges (1912) : La Famille (épuisé).		—	
Versailles (1913) : L'Idée de responsabilité	8.50	—	10 »
Metz (1909) : Le Catholicisme social	10 »	—	10.80
Caen (1920) : La Production	12 »	—	12.80
Toulouse (1921) : L'Injustice usuraire.	12 »	—	12.80
Strasbourg (1922) : L'Etat et la Vie économique	12 »	—	12.80
Grenoble (1923) : Le Problème de la Population	12.50	—	13.50
Rennes (1924) : Le Problème de la Terre dans l'Economie nationale	12.50	—	13.50

Envoi gratuit de la Table alphabétique et analytique des matières contenues dans ces volumes, contre demande adressée à la Chronique Sociale de France, 16, rue du Plat, Lyon.

Demander en même temps le catalogue des brochures de propagande éditées par le Secrétariat permanent.

LISEZ ET FAITES LIRE

LES SEMAINES SOCIALES

par M. Jean TERREL

C'est la notice la plus complète qui ait été publiée sur l'histoire, la physionomie et la doctrine des Semaines Sociales.

En vente : 4 fr., Librairie Bloud et Gay, 3, rue Garancière, Paris (6e), et à la « Chronique Sociale », 16, rue du Plat, Lyon.

CHEZ BERNARD GRASSET

Deux grands écrivains catholiques

Louis ARTUS

LA MAISON DU SAGE
1 vol. . . . 7 fr. 50

LA MAISON DU FOU
1 vol. . . . 7 fr. 50

LE VIN DE TA VIGNE
1 vol. . . . 7 fr. 50

Livres admirables, pleins des idées éternelles qui semblent neuves, si intensément vivent les créatures qui les apportent, livres dont les pages tournent toutes seules. ORION.

Emile BAUMANN
Grand prix BALZAC 1922)

L'anneau d'or des grands mystiques . . . 7 fr. 50
Job le prédestiné . . . . 7 fr. 50
Trois villes Saintes 7 fr. 50
L'Immolé . . . . . 9 fr.
Saint Paul . . . . 8 fr. 25

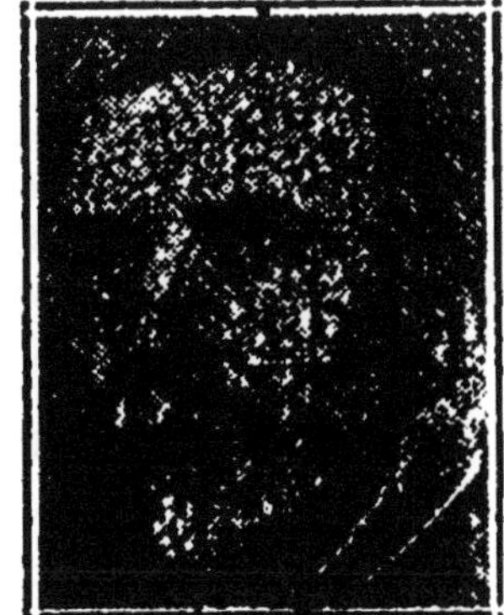

Adolphe RETTE disait à propos de BAUMANN :

Le véritable Art catholique se manifeste en des livres que peuvent susciter un zèle viril pour Jésus-Christ' Et ces livres seuls peuvent enfermer une image totale au monde.

www.ingramcontent.com/pod-product-compliance
Ingram Content Group UK Ltd.
Pitfield, Milton Keynes, MK11 3LW, UK
UKHW022144260726
13993UKWH00005B/2143